Introducción a los padres

We Both Read es la primera serie de libros diseñada para invitar a padres e hijos a compartir la lectura de un cuento, por turnos y en voz alta. Esta "lectura compartida" —que se ha desarrollado en conjunto con especialistas en primeras lecturas— invita a los padres a leer los textos más complejos en la página de la izquierda. Luego, les toca a los niños leer las páginas de la derecha, que contienen textos más sencillos, escritos específicamente para primeros lectores.

Leer en voz alta es una de las actividades más importantes que los padres comparten con sus hijos para ayudarlos a desarrollar la lectura. Sin embargo, *We Both Read* no es solo leerle *a* un niño, sino que les permite a los padres leer *con* el niño. *We Both Read* es más poderoso y efectivo porque combina dos elementos claves del aprendizaje: "demostración" (el padre lee) y "aplicación" (el niño lee). El resultado no es solo que el niño aprende a leer más rápido, ¡sino que ambos disfrutan y se enriquecen con esta experiencia!

Sería más útil si usted lee el libro completo y en voz alta la primera vez, y luego invita a su niño a participar en una segunda lectura. En algunos libros, las palabras más difíciles se presentan por primera vez en **negritas** en el texto del padre. Señalar o conversar sobre estas palabras ayudará a su niño a familiarizarse con estas y a ampliar su vocabulario. También notará que el ícono "lee el padre" ⌓ precede el texto del padre y el ícono de "lee el niño" ⌓ precede el texto del niño.

Lo invitamos a compartir y a relacionarse con su niño mientras leen el libro juntos. Si su hijo tiene dificultad, usted puede mencionar algunas cosas que lo ayuden. "Decir cada sonido" es bueno, pero puede que esto no funcione con todas las palabras. Los niños pueden hallar pistas en las palabras del cuento, en el contexto de las oraciones e incluso de las imágenes. Algunos cuentos incluyen patrones y rimas que los ayudarán. También le podría ser útil a su niño tocar las palabras con su dedo mientras leen para conectar mejor el sonido de la voz con la palabra impresa.

¡Al compartir los libros de *We Both Read*, usted y su hijo vivirán juntos la fascinante aventura de la lectura! Es una manera divertida y fácil de animar y ayudar a su niño a leer —¡y una maravillosa manera de preparar a su niño para disfrutar de la lectura durante toda su vida!

Parent's Introduction

We Both Read is the first series of books designed to invite parents and children to share the reading of a story by taking turns reading aloud. This "shared reading" innovation, which was developed with reading education specialists, invites parents to read the more complex text and storyline on the left-hand pages. Children are encouraged to read the right-hand pages, which feature less complex text and storyline, specifically written for the beginning reader.

Reading aloud is one of the most important activities parents can share with their child to assist in his or her reading development. However, *We Both Read* goes beyond reading *to* a child and allows parents to share the reading *with* a child. *We Both Read* is so powerful and effective because it combines two key elements in learning: "modeling" (the parent reads) and "doing" (the child reads). The result is not only faster reading development for the child, but a much more enjoyable and enriching experience for both!

You may find it helpful to read the entire book aloud yourself the first time, then invite your child to participate in the second reading. In some books, a few more difficult words will first be introduced in the parent's text, distinguished with **bold lettering**. Pointing out, and even discussing, these words will help familiarize your child with them and help to build your child's vocabulary. Also, note that a "talking parent" icon ⓒ precedes the parent's text and a "talking child" icon ⓒ precedes the child's text.

We encourage you to share and interact with your child as you read the book together. If your child is having difficulty, you might want to mention a few things to help him or her. "Sounding out" is good, but it will not work with all words. Children can pick up clues about the words they are reading from the story, the context of the sentence, or even the pictures. Some stories have rhyming patterns that might help. It might also help them to touch the words with their finger as they read, to better connect the voice sound and the printed word.

Sharing the *We Both Read* books together will engage you and your child in an interactive adventure in reading! It is a fun and easy way to encourage and help your child to read—and a wonderful way to start your child off on a lifetime of reading enjoyment!

We Both Read: Too Many Cats
Demasiados gatos

For my parents, who taught me to love reading, and for Laurie Lim,
who inspired me to create.
— D.P.

*Para mis padres, quienes me enseñaron el amor por la lectura,
y para Laurie Lim, quien me inspiró a crear.*
—D.P.

Text Copyright © 2003 by Sindy McKay
Illustrations Copyright ©2003 Meredith Johnson
Translation services provided by Cambridge BrickHouse, Inc.
Spanish translation © 2010 by Treasure Bay, Inc.
All rights reserved

We Both Read® is a trademark of Treasure Bay, Inc.

Published by Treasure Bay, Inc.
P.O. Box 119
Novato, CA 94948

PRINTED IN SINGAPORE

Library of Congress Catalog Card Number: 2010932679

ISBN: 978-1-60115-040-0

We Both Read® Books
Patent No. 5,957,693

Visit us online at:
www.TreasureBayBooks.com

PR 11/10

WE BOTH READ®

Too Many Cats
Demasiados gatos

By Sindy McKay
Translated by Yanitzia Canetti
Illustrated by Meredith Johnson

TREASURE BAY

It was the day before Suzu's birthday, and Suzu knew just what she wanted. It was not a bike, or skates, or even the red hat her mother made her try on at the store.
Suzu wanted . . .

Era el día antes del cumpleaños de Suzu y Suzu sabía lo que quería. No era una bicicleta, ni unos patines, ni siquiera el gorro rojo que su madre hizo que se probara en la tienda.
Suzu quería . . .

. . . a white cat.

. . . un gato blanco.

Suzu told her mother that she wanted a cat, and her mom said, "We'll see."

So Suzu was pretty sure she was going to get a new . . .

Suzu le dijo a su madre que ella quería un gato y su madre le dijo: —Veremos.

Así que Suzu estaba casi segura de que iba a recibir un nuevo . . .

. . . red hat.

. . . gorro rojo.

Still, Suzu was hopeful. She went to bed early
that night to dream about the white cat she probably
wasn't going to get. But before she fell asleep, she saw
something moving in her bed. She pulled back the covers
and found . . .

Pero Suzu no había perdido la esperanza. Se fue a la
cama temprano esa noche para soñar con el gato blanco
que seguramente no le darían. Pero antes de quedarse
dormida, vio que algo se movía en la cama. Apartó las
sábanas y encontró . . .

. . . one white cat!

. . . un gato blanco!

It was just what Suzu wanted! But Suzu barely had time to say "HOORAY!!!" when another cat crawled out from under her bed.

First, Suzu had no cats. Then, she had one cat. And now, there were . . .

¡Era justo lo que Suzu quería! Pero Suzu apenas tuvo tiempo de decir "¡¡¡HURRA!!!" cuando otro gato apareció de abajo de la cama.

Antes, Suzu no tenía gatos. Luego, Suzu tenía un gato. Y ahora, había . . .

. . . two cats!

. . . ¡dos gatos!

Suzu was surprised to hear a loud "meow" coming from the living room. Could it be ANOTHER cat???

She crept into the living room and looked around. There, on top of the TV, curled up in a little furry ball, was . . .

Suzu se sorprendió cuando escuchó un maullido que venía de la sala. ¿¿¿Sería OTRO gato???

Ella entró sigilosamente a la sala y miró a su alrededor. Allí, sobre la tele, acurrucado y formando una bolita de pelos, había . . .

. . . a red cat.

. . . un gato rojo.

Suzu could hardly believe her eyes!

First, there was a white cat ON her bed, then a black cat UNDER her bed, and now a red cat ON TOP of the TV. That made one, two . . .

¡Suzu no podía creer lo que veía!

Primero había un gato blanco SOBRE su cama. Luego había un gato negro DEBAJO de su cama. Y ahora, había un gato rojo ENCIMA de la tele. Eran uno, dos . . .

. . . three cats!

. . . ¡tres gatos!

Suzu felt a little silly for doubting that her mother was going to get her a cat. It seemed her mother was planning to give her THREE cats for her birthday!

But wait. What was that sound in the kitchen? Could it be that her mother was going to give her . . .

Suzu se sintió un poco tonta por dudar que su madre le regalaría un gato. ¡En realidad, su mamá había planeado regalarle TRES gatos en su cumpleaños!

Pero, ¿qué era aquel ruido en la cocina? ¿Sería que su madre iba a regalarle . . .

. . . a yellow cat.

. . . *un gato amarillo.*

Suzu went to hug the yellow cat, but stopped when she heard a crashing sound behind her. She turned to see that the curtain had been pulled down from the window.

Tangled up inside the curtain she spied . . .

Suzu iba a abrazar al gato amarillo, pero se detuvo cuando escuchó un estruendo detrás de ella. Se volvió para ver que la cortina se había caído de la ventana.

Enredado en la cortina, ella vio . . .

. . . a green cat.

. . . un gato verde.

Suzu's mother had certainly found some unusual cats to give to Suzu! There was a white one, a black one, a red one, a yellow one, and a green one.

That made one, two, three, four . . .

¡Qué gatos tan raros había encontrado la madre de Suzu como regalo! Había uno blanco, uno negro, uno rojo, uno amarillo y uno verde.

Eran uno, dos, tres, cuatro . . .

. . . five cats!

. . . ¡cinco gatos!

Suzu gathered up all five of the amazing cats and started to carry them back to her bedroom. While passing through the dining room, a flash of color caught her eye. Stretched out lazily inside the china cabinet she spied . . .

Suzu cargó con sus cinco asombrosos gatos para llevarlos a su cuarto. Mientras atravesaba el comedor, un destello de color llamó su atención. Tendido perezosamente dentro de la vitrina, ella vio . . .

. . . a purple cat!

. . . ¡un gato morado!

Now Suzu's mind was reeling! Where were all these cats coming from? She had only asked for one.

But now, she had one, two, three, four, five . . .

¡Ahora Suzu se rompía la cabeza! ¿De dónde habían salido todos aquellos gatos? Ella solo había pedido uno.
Pero ahora, ella tenía uno, dos, tres, cuatro, cinco . . .

. . . seven cats.

. . . siete gatos.

Suzu couldn't believe it. Now there was one cat on the chandelier, two cats climbing in the potted plants, three cats crammed inside of Mom's favorite vase, and one more on Dad's special rocking chair.

All that was bad enough, but then Suzu spied . . .

Suzu no podía creerlo. Ahora había un gato en la lámpara, dos gatos trepados en las plantas, tres gatos metidos dentro del florero favorito de Mamá y uno más en la mecedora especial de Papá.

Como si aquello no fuera suficiente, de pronto Suzu descubrió . . .

. . . a blue cat.

. . . un gato azul.

Have you ever seen a cat that's blue? Neither had Suzu!
She hurried toward her bedroom, hoping with all her
might that this was the last cat she would see tonight.

Trotting behind Suzu were one, two, three, four, five,
six, seven . . .

¿Alguna vez has visto un gato azul? ¡Suzu tampoco!
Ella corrió a su cuarto, deseando con todo su corazón que
aquel fuera el último gato que viera esa noche.
Corriendo detrás de Suzu había uno, dos, tres, cuatro,
cinco, seis, siete . . .

. . . eight cats!

. . . ¡ocho gatos!

Suzu was almost to her bedroom when she heard another crash. She tried to ignore it, but she couldn't. So she rushed into the bathroom and pulled back the shower curtain. You can guess what Suzu saw.

Now there were one, two, three, four, five, six, seven, eight . . .

Suzu casi estaba en su cuarto cuando escuchó otro estruendo. Trató de ignorarlo, pero no pudo. Así que entró corriendo al baño y apartó la cortina de la ducha. Te imaginarás lo que Suzu vio.

Ahora había uno, dos, tres, cuatro, cinco, seis, siete, ocho . . .

. . . nine cats.

. . . nueve gatos.

Suzu sprinted to her room. She did NOT want to find any more cats! She jumped onto her bed and another cat bounced into the air. This one had stripes with all the colors of the rainbow.

One, two, three, four, five, six, seven, eight, nine . . .

Suzu voló a su cuarto. ¡NO quería encontrar ni un gato más! Saltó a la cama y un gato rebotó en el aire. Tenía franjas con todos los colores del arco iris.

Ino, dos, tres, cuatro, cinco, seis, siete, ocho, nueve . . .

. . . ten cats.

. . . diez gatos.

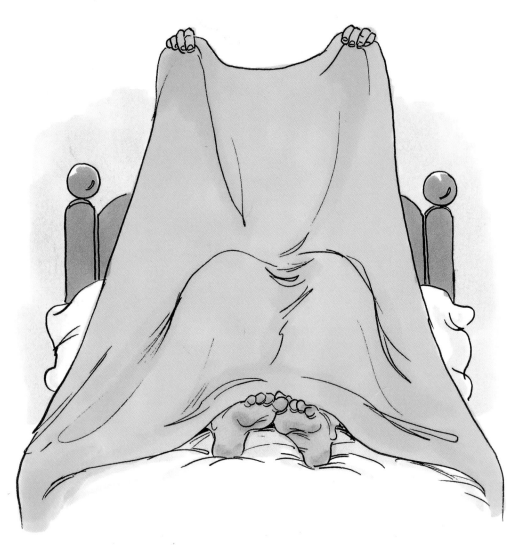

Enough already! Suzu loved cats. But ten cats were more than she could handle. What was her mother thinking?

Suzu climbed under her covers, pulled them up high over her head, and thought again about what she had found.

¡Basta ya! A Suzu le encantaban los gatos. Pero no podía encargarse de diez gatos. ¿Qué estaría pensando su madre?

Suzu se metió bajo las sábanas, se cubrió la cabeza y pensó otra vez en lo que había encontrado.

One, two, three, four,
five, six, seven, eight, nine,
ten cats!

*¡Uno, dos, tres, cuatro, cinco,
seis, siete, ocho, nueve,
diez gatos!*

Suzu felt someone shaking her shoulder and softly
calling, "Suzu? It's time to get up. Today is your birthday!"
Suzu carefully peeked out from her covers and looked
around for the cats. But instead of ten cats, Suzu saw . . .

Suzu sintió que alguien sacudía su hombro y la
llamaba suavemente: —Suzu, es hora de levantarse.
¡Hoy es tu cumpleaños!
Suzu se asomó con cuidado y buscó los gatos con
la mirada. Pero en lugar de diez gatos, Suzu no vio . . .

. . . no cats.

. . . ningún gato.

Suzu was very confused. First she wanted one cat. Then she found ten cats. Now there were no cats at all.

Suzu's mother whispered, "I have a surprise for you." She pulled something white and fluffy from behind her back, and Suzu smiled. It was just what she wanted!

Suzu estaba muy confundida. Primero, ella quería un gato. Luego, encontró diez gatos. Y ahora, no había ningún gato.

La madre de Suzu le susurró: —Te tengo una sorpresa.
Ella sacó algo blanco y suave de atrás y Suzu sonrió. ¡Era lo que ella quería!

One white cat!

¡Un gato blanco!

If you liked **Too Many Cats**, here is another
We Both Read® book you are sure to enjoy!

*Si te gustó leer **Demasiados gatos**, ¡seguramente disfrutarás de leer
este otro libro de la serie We Both Read®!*

Frank and the Balloon
Sapi y el globo

Frank, the frog, is carried off into the sky hanging
from a balloon. At first this seems like an exciting
adventure, but soon Frank just wants to go home.

*Sapi, el sapo, se va flotando en el aire en un
globo. Al principio, le parece una aventura
emocionante, pero poco después, Sapi solo desea
regresar a casa.*

To see all the We Both Read® books that are available,
just go online to **www.TreasureBayBooks.com**

*Para ver todos los libros disponibles de la serie We Both Read®,
visita nuestra página web:* ***www.TreasureBayBooks.com***